AF460404

A Léon Pierre-Quint

avec, dans cette dédicace
personnelle tout ce qui
n'a pas été dit dans
la dédicace générale,
c'est à dire l'inexprimable
la phrase indicible qui
serait adéquate mais
rien ne l'est, dans
le plan de φαινομενα
le petit préfacier

R. Gilbert-Lecomte

CORRESPONDANCE DE RIMBAUD

CORRESPONDANCE

INÉDITE

(1870-1875)

D'ARTHUR RIMBAUD

précédée d'une introduction de

ROGER GILBERT-LECOMTE

AUX ÉDITIONS DES CAHIERS LIBRES

57, Avenue Malakoff - Paris

CET OUVRAGE, ACHEVÉ D'IMPRIMER LE 25 AVRIL 1929, SUR LES PRESSES DES ÉDITIONS DES CAHIERS LIBRES, A TOULOUSE, A ÉTÉ TIRÉ A NEUF CENT TRENTE EXEMPLAIRES NUMÉROTÉS, A SAVOIR : TRENTE EXEMPLAIRES SUR HOLLANDE PANNEKOEK, NUMÉROTÉS DE I A XXX ET NEUF CENTS EXEMPLAIRES SUR VÉLIN OUTRENIN, NUMÉROTÉS DE 31 A 930, PLUS UN CERTAIN NOMBRE D'EXEMPLAIRES HORS COMMERCE ET NON NUMÉROTÉS.

N° 

à Leon PIERRE-QUINT

R. G.-L

INTRODUCTION

Introduction

Lettres de Rimbaud. Le mot « lettres », par une banale association d'idées, m'impose immédiatement le nom de Madame la Marquise de Sévigné. Toute la valeur des bouts de papier griffonnés en hâte par Rimbaud éclate dans leur caractère d'absolue nécessité. La marquise narre pour le plaisir de narrer, fait de l'art pour l'art avant la lettre. Rimbaud n'écrit que pour réclamer des services dont il a absolument besoin. Ou bien, l'esprit plein à éclater d'inspiration, le cœur d'indignation, laissent jaillir quelques mots fulgurants. Le moins possible et le plus vite et le plus simplement. Avec, comme dans son œuvre, le seul désir terrible et irréalisable de communiquer directement sa pensée toute vive par delà les mots.

« Cette langue sera de l'âme pour l'âme. »

Une porte. Une porte sans serrure apparente, mais terriblement et à jamais fermée, — condamnée, sourde-muette, matelassée, capitonnée, blindée. Devant la porte des hommes attendent, sans même frapper, sans même chercher à ouvrir. L'inutilité de tout geste est évidente. Derrière la porte, dans la chambre, il y a aussi un homme, mais un seul. Il y a aussi un drame que vit cet unique acteur. Et tous ceux du dehors savent obscurément ce qui se passe dans la chambre : le plus vieux drame du monde, et le seul, unique comme l'éternité. Un mystère silencieux et plein de sang. Un crime immense, un crime rituel, magique, d'où dépend le sort d'un univers. Un crime auprès duquel toutes les atrocités commises depuis que l'homme existe ne sont que de pauvres petites actions sans intérêt. Et autour de cet Acte, le silence de l'air liquide, de l'espace solidifié, du gel, de l'absence d'oreilles. La porte est fermée par la peur, la peur de cela *plus grande que la peur de mourir. Le crime est long, interminable.*

Et plusieurs fois, sous la porte, du dedans au dehors, l'homme seul a fait glisser un billet. Ceux qui l'ont lu ont compris qu'il s'agissait de faire passer au reclus de la nourriture pour qu'il pût durer jusqu'à la fin.

Il y avait aussi d'étranges allusions au crime qui se commettait. Mais personne n'a compris.

Ces billets sont publiés ici.

C'est bien plutôt cette vraie vie de Rimbaud que la vie extérieure d'aventures parallèles qui s'impose à l'esprit devant la suite mystérieuse des documents qui forment cet ouvrage.

Le 24 mai 1870, lettre à Théodore de Banville.

Le lycéen modèle, prix d'excellence, âgé de 15 ans — il s'en donne 17 — envoie au brave Banville, avec ses vers, cette lettre, certes étrangement précoce, mais enfin d'enfant. L'enfant qui accompagne tous les dimanches sa mère terrible (1) *à la Grand'Messe. Et déjà le désir de Paris.*

La révolte qui ne sait pas encore comment se réaliser.

Le 25 août 1870, lettre à Izambard, le professeur confident.

La hantise du départ se précise.

Et ces notes sur la guerre, si « vécues » pour nous qui avions son âge en 1914...

Le 5 septembre 1870.

Les psychiâtres ont depuis longtemps expliqué les

(1) Voir plus loin les lettres que cette mère adressait à Izambard.

raisons profondes d'une telle fugue. Pour ce faire, ils ont appelé le besoin de partir : « dromomanie ». (Cf. De l'explication dans les sciences : « quia est in ea virtus dormitiva ».)

Le 2 novembre 1870.

Le marasme du retour.

17 avril 1871.

Charleville.

Les deux lettres de mai 1871. Cependant que les événements extérieurs se sont précipités. Sa fugue. Guerre. Commune. Révolution.

Le drame derrière la porte a mûri.

On ne peut plus dorénavant parler de la « lettre du Voyant » proprement dite qui, depuis sa parution en 1912, a suscité tant de commentaires de toutes sortes, sans prendre quelques précautions. Il ne faut tout de même pas oublier que Rimbaud l'a écrite alors qu'il avait à peine seize ans. D'autre part, j'imagine — et tout ce qu'on peut deviner du caractère de Rimbaud me permet de le supposer — qu'il a dû rédiger ce texte en quelques minutes, au courant de la plume. Ce serait donc une erreur de juger ces pages étranges et toutes spontanées comme on jugerait un essai mûrement réfléchi, pesé point par point, dans lequel un auteur aurait condensé toute sa pensée. Qu'on y prenne garde, je ne veux nullement dire, ce qui serait au contraire de ma croyance, que la grande, l'unique idée fixe du Rimbaud d'alors, n'est pas constamment présente dans les lignes de la lettre du Voyant, je prétends simplement que cette lettre n'en est pas l'expression parfaite et définitive et que son auteur n'a jamais dû, à aucun moment de sa vie, donner à cette étonnante réussite d'un instant d'inspiration, l'importance que lui ont attachée les commentateurs. Mais cette réserve, je tiens à bien marquer ce point, ne vaut que pour la forme. Car on pourrait tirer de « La Saison en Enfer » nombre de citations qui permettraient d'affirmer que le sec, terrible récit du drame intérieur n'est, dans sa presque totalité, qu'un commentaire à ce qu'on a appelé la théorie du Voyant. Autrement dit, la « voyance » aura été l'unique sens de la vie de Rimbaud, tout le temps qu'il en notait ces exemples que sont les « Illuminations » et sans doute aussi le livre perdu de la « Chasse spirituelle ».

Je crois donc donner sa juste valeur à la fameuse lettre en la considérant, replacée dans l'ensemble de la correspondance, comme le signe qui livre la vie de Rimbaud à son expérience surhumaine.

Aussi, comme un document brut, indiciblement précieux où se trouvent mis en jeu, non pas seu-

lement les éléments psychologiques du « cas Rimbaud », mais les fondements mêmes de l'éthique et de l'esthétique contemporaines. Enfin, par sa critique du passé et par la question posée avec une horrible lucidité du sort définitif de toute tentative humaine, comme le plus poignant résumé des aspirations d'un certain nombre d'hommes qui sont les seuls que j'aime et au nombre desquels il faut bien qu'on me range.

Et maintenant, comment me figuré-je ce qui s'est passé derrière la porte, — la tornade dans l'âme de Rimbaud?

Je vois d'abord, planant dans l'air supérieur, depuis les premiers âges de l'homme, un Esprit qui est le feu du vent. Le vent éternel qui dépasse le vent et fait immobile la lenteur des cyclones et des trombes sur la surface des eaux vivantes. Et le souffle de feu dans les chaudières de l'empyrée dilate immensément l'éther subtil par tout l'espace.

Sous la pression de plusieurs mondes, le souffle de l'Esprit fuse, siffle et tonne par la tête de ses hommes-soupapes, les voyants. Et « ce qui est en haut est comme ce qui est en bas ». De même sur la terre de ténèbres, en plusieurs points des horizons du désert noir, lorsque craque la peau de pierre et s'effondre en cratère, la lave des volcans fuse dans le tonnerre. Et c'est la même lave qui sort de tous les volcans. Et celui qui l'envoie est l'unique feu du centre. A certaines époques, une grande angoisse saisit toute l'humanité qui sent plus horriblement présent le souffle de l'Esprit. Son message Révélation-Révolution *veut une bouche d'homme. Mais ils sont rares ceux qui peuvent traduire! Rien n'a éclaté encore. Et cependant, depuis le début du dix-neuvième siècle, je sens l'imminence du cataclysme vivant. On peut le suivre à la trace dans les esprits à jamais marqués de son stigmate, qui l'ont pressenti. A des marques presque insensibles, mais qui ne trompent pas, certains peuvent reconnaître qu'il a cherché en vain à s'exprimer par les voix du Blake des « Chants prophétiques », du Poë d' « Eureka », du Victor Hugo de « Ce que dit la bouche d'ombre » et des derniers poèmes métaphysiques, du Balzac de « Louis Lambert », du Baudelaire des « Correspondances » et du Ghil de l' « Ordre altruiste », tous rendus attentifs par les voix antérieures du Zohar* (1) *ou de Swedenborg. Il est bien étrange*

(1) Et Denis Saurat qui va publier sur la « Religion de Victor Hugo » un livre étonnant que je ne crois pas trahir

que Rimbaud omette de citer dans son énumération de « voyants » Gérard de Nerval, l'homme pendu par un fantôme, l'auteur des « Chimères » et d' « Aurélia », celui qui, avec Rimbaud lui-même, s'est le plus éloigné de la vie de son corps à la poursuite du rêve réel.

Je vois ensuite un enfant prédestiné, monstrueusement précoce, dressé contre tout par sa pure révolte, et d'une constitution physique très résistante, *soudain élu, happé tout entier par un retour de flamme de l'Esprit, aspiré avec un hurlement immense parmi le silence des espaces. Et Rimbaud s'est donné tout entier, en faisant l'abandon le plus tragique de tout ce qui était sa vie individuelle pour devenir la voix de l'Esprit, le médium, la harpe de nerfs, le nouveau prophète pétri de véhémence et de colère, vivant de rage froide, consumé par le feu dévorant qui brûlait son sang, et parlant le langage inconnu du message.*

Le caractère unique, irréductible, d'une absolue

---

en disant qu'il corrobore mon opinion sur ce sujet, prétend même reconnaître une inspiration analogue dans certains passages de Jocelyn et d'Eloa. Plus proche encore de ma pensée est le livre de A. Rolland de Renéville sur « Rimbaud le Voyant »; c'est d'ailleurs le seul ouvrage sur Rimbaud que je puisse admettre. J'attache une grande importance à ces témoignages.

nouveauté *de cette tentative est pour moi dans la sincérité, qu'y a mise Rimbaud, de l'abandon de lui-même. Je ne puis mieux me faire entendre qu'en comparant son témoignage à ceux d'Hugo qu'il avait jugé dans sa lettre : « Hugo trop* cabochard... *trop de Jéhovahs et de colonnes, vieilles énormités crevées ». C'est que Hugo sans doute aussi s'est senti saisi par la grande inspiration vers le milieu de sa vie. Malheureusement, à cette époque, il était déjà un grand homme, un homme connu, c'est-à-dire emprisonné par l'image qu'avaient de lui ses admirateurs. Il avait pris une attitude dont il ne pouvait plus se séparer, il avait des opinions religieuses, politiques et philanthropiques arrêtées, il avait beaucoup écrit, il s'était même découvert dans tous les genres littéraires une forme à lui, étonnamment réussie... et dont il s'était fait un poncif. Il n'a pas voulu sacrifier tout cela pour suivre l'Esprit dans le désert. Il a préféré tenter une laborieuse conciliation entre les brillants éléments de sa personnalité et la révélation nouvelle. De là ses derniers poèmes métaphysiques de la « Fin de Satan », de « Dieu », etc... où, pris d'une incroyable logorrhée, dans le ronronnement sans fin des alexandrins et des rimes, derrière des accumulations titanesques d'énormités, il cherche à retrou-*

ver sa vision avec son éloquence. Ce sont pourtant ces poèmes que je préfère dans l'œuvre de V. Hugo, malgré leur formidable inadaptation, car derrière les voiles sans nombre des erreurs individuelles, j'y reconnais souvent la trace fulgurante de Celui-qui-inspire.

L'auteur du « Bateau ivre », qui avait, à l'époque où il écrivait ce poème, une personnalité aussi étonnante que celle de Hugo et qui s'était, lui aussi, forgé une forme nouvelle, aurait fort bien pu, j'en ai la certitude intérieure, continuer, jusqu'à la fin d'une vie comblée de gloire, à publier chaque année une œuvre nouvelle et se faire une belle carrière, comme on dit. Mais il a préféré tout sacrifier pour suivre l'Esprit. Et certains qui ont obscurément senti le sacrifice immense qu'il consommait à ce tournant de sa vie que marque la lettre du Voyant, l'ont regretté, tristes lâches!

Mais quelque chose brûlait en lui qui ne lui permettait pas de s'arrêter sur sa voie, de se lier, par quelque compromis que ce fût, à une vie qu'il refusait de tout le dégoût de son être. Il lui fallait donner forme aux révélations qu'il portait dans son sein; et pour que cette forme ne se figeât jamais, c'est-à-dire ne trahît l'Esprit de merveille qui le hantait, mais toujours fuyait au fil de lame de l'ho-

rizon, sentant bien que toutes les forces de sa raison lucide, de son individu autonome ne suffiraient pas à le retenir jamais, il s'est jeté à corps perdu dans l'inconnu des rêves, des automatismes et des délires (1).

« *Car je est un autre* » *et savamment il s'est* changé *pour pouvoir faire entrée dans l'inconnu. Puisque le domaine de l'Esprit ne pouvait pas pénétrer un seul instant dans la zone d'investigation de sa conscience, telle qu'elle était, il a voulu sortir des limites individuelles de cette conscience pour, devenu plus vaste, participer directement de l'Esprit, communier avec lui, enfin* être *cet inconnaissable que c'est la seule façon de connaître* (2).

Ce fut le dur travail, la lente ascèse, l'effroyable destruction de lui-même se forçant à la soif et à la faim, demandant secours aux ivresses de l'alcool et du haschisch, s'appliquant à créer dans tous ses sens l'hallucination simple, volontaire *d'abord, — puis* subie. *C'était le prix de son supplice, c'était la porte ouverte aux ravissements et aux extases. Il*

(1) L'époque des « Illuminations ».

(2) Et le seul mode de connaissance qui échappe à la « Critique de la Raison pure », ne l'oublions pas. Donc sa méthode, quel qu'en ait été le résultat, est, jusqu'à présent, la seule admissible.

pouvait enfin dire : « Quand j'écris, ce n'est pas mois qui écris, je suis dicté. » (1).

Et l'éclatant brasier de tout son être a brûlé en deux ans plus que la durée d'une vie humaine, il a vécu en un instant le cycle de plusieurs générations. Son œuvre a été le passé, le présent et l'avenir jusqu'à la fin (2). *Dans un dernier élan, il a donné les premières révélations de l'Esprit jusqu'à la nouvelle mort. Et personne ne l'a compris. Et quand, ayant épuisé toute écriture jusqu'au dégoût, épuisé lui-même jusqu'au fond de l'âme, il se tut, ce fut le silence de la fin du monde.*

Il avait vu. Mais il n'était pas mort. Et le feu brûlait toujours en lui.

Juin 1871.

« Brûlez, je le veux tous les vers que je fus assez sot pour vous donner. »

---

(1) J'ai développé plus longuement ces idées dans « Après Rimbaud la mort des Arts ». (Numéro spécial du « Grand Jeu » consacré à Rimbaud avec textes inédits de Rimbaud, printemps 1929.)

(2) ... du Parnasse, au symbolisme qu'il a inventé, jusqu'au surréalisme et au delà.

Lettre à Banville, 14 juillet 1871.

Le poème que Rimbaud envoyait à Banville dans cette lettre était : « Ce qu'on dit au poète à propos de fleurs ». Il demande au pauvre Banville : « Ai-je progressé? ».

Banville ne devait pas être particulièrement apte à apprécier ce genre de « progrès ». Un an après le magnifique poème parnassien : « Credo in unam », *voici l'humour terrible, l'humour ravageur de celui qui a dépassé cette poésie-là...*

Août 1871.

La vie extérieure à l'époque des « expériences » du Voyant qui va retourner à Paris.

Février 1875.

Le drame de Bruxelles est dans le passé. Verlaine est sorti de prison. Et Rimbaud l'a vu à nouveau. Très peu.

Documents éloquents que ces deux lettres où il est question du nouveau Verlaine, du Verlaine converti!

On peut, grâce à elles, se rendre compte combien Rimbaud, après « la Saison en Enfer », *considérait avec le plus grand mépris et le plus grand dégoût toute idée de conversion au catholicisme.*

A aucun moment de sa vie Rimbaud n'a pu admettre la soumission à une religion.

A cet égard, et ceci est, je crois, maintenant défi-nitivement *établi, sans contradiction possible, toute sa vie n'a jamais été qu'un refus sans recours, refus de se soumettre à toute loi divine ou humaine.*

Un trou de huit années...

Enfin voici, pour clore la série des documents, l'étrange lettre de Germain Nouveau, expédiée d'Alger le 12 décembre 1893 à destination d'Aden, d'où Rimbaud à jamais estropié venait de partir pour la dernière fois.

Et l'appel de G. Nouveau suivit en vain la trace du moribond halluciné.

D'Aden à Marseille, de Marseille à Paris, de Paris à Roches et de Roches à Marseille. Trop tard. C'était la course au cadavre.

Rimbaud, depuis bien longtemps, avait quitté Paris.

Et « l'homme aux semelles de vent » avait erré à travers le monde, à la recherche de l'Enfer sur la terre. Les seuls lieux qui le retinrent furent les grèves de la Mer Rouge.

Et partout le goût du malheur a suivi Rimbaud. Partout il a cherché la fournaise, le climat mortel, le labeur qui exténue, et les souffrances, et le soleil tueur, ah! le soleil de la mort qui lui feraient oublier enfin le feu qui le brûlait toujours, qui le rongeait comme un cancer, l'autre soleil qui tonnait toujours sous son crâne jusqu'à la fin.

Pourquoi, depuis quelque temps, des coïncidences de lectures ou de conversations viennent-elles sans cesse me rappeler cette étrange tradition occulte selon laquelle exorciseurs et sorciers, quand ils veulent dépeupler la vie d'un être ou d'un lieu du spectre qui le hante, envoient cette âme en peine, toutes les âmes en peine, danser, danser sur la Mer Rouge?

Roger GILBERT-LECOMTE.

LETTRES D'ARTHUR RIMBAUD

(1870-1875)

Lettres d'Arthur Rimbaud

Manuscrit d'Arthur Rimbaud offrant à Théodore de Banville « Auteur du Sang, de la Coupe et des Stalactites » un poème panthéistique évidemment inspiré par lui. Rimbaud, en s'excusant de son extrême jeunesse, prie Banville de le faire publier au Parnasse contemporain et de lui tendre une main secourable (1).

Charleville (Ardennes), le 24 mai 1870.

A Monsieur Théodore de Banville.

CHER MAITRE,

Nous sommes aux mois d'amour; j'ai PRESQUE (*ce mot est véritablement barré dans la lettre*) dix. sept ans (2). L'âge des espérances et des chimères, comme on dit — et voici que je me suis mis, enfant touché par le doigt de la Muse, — pardon si c'est

(1) Le manuscrit original de cette lettre nous a été communiqué par M. Jacques Doucet. Nous tenons à lui faire part ici de notre reconnaissance pour son extrême obligeance et les facilités qu'il veut bien accorder à tous ceux qui s'intéressent aux documents précieux qu'il possède.

(2) Sur le manuscrit original, les traits d'union sont remplacés par des points.

banal, — à dire mes bonnes croyances, mes espérances, mes sensations, toutes ces choses des poètes — moi j'appelle cela du printemps.

Que si je vous envoie quelques.uns de ces vers, — et cela en passant par Alph. Lemerre, le bon éditeur, — c'est que j'aime tous les poètes, tous les bons Parnassiens, — puisque le poète est un Parnassien, — épris de la beauté idéale; c'est que j'aime en vous, bien naïvement, un descendant de Ronsard, un frère de nos maîtres de 1830, un vrai romantique, un vrai poète. Voilà pourquoi, — c'est bête, n'est.ce pas (1), mais enfin?...

Dans deux ans, dans un an peut.être (2), je serai à Paris. — (*mot illisible*) messieurs du journal, je serai Parnassien! — Je ne sais ce que j'ai là... qui veut monter... — Je jure, cher maître, d'adorer toujours les deux déesses, Muse et Liberté.

Ne faites pas trop la moue en lisant ces vers :

... vous me rendriez fou de joie et d'espérance, si vous vouliez, cher maître, *faire faire* à la pièce *Credo in unam* une petite place entre les Parnassiens. Je viendrais à la dernière série du Parnasse : cela ferait le Credo des Poètes!... Ambition! ô Folle!

Arthur RIMBAUD.

(1 et 2) Voir la note 2 de la page précédente.

Par les beaux soirs d'été, j'irai dans les sentiers,
Picotés par les blés, fouler l'herbe menue :
Rêveur, j'en sentirai la fraîcheur à mes pieds :
Je laisserai le vent baigner ma tête nue...
Je ne parlerai pas, je ne penserai rien...
Mais un amour immense entrera dans mon âme :
Et j'irai loin, bien loin, comme un bohémien,
Par la Nature, — heureux comme avec une femme! (1).

A. R.

20 avril 1870.

Credo in unam.

Le Soleil, le foyer de tendresse et de vie,
Verse l'amour brûlant à la terre ravie;
Et, quand on est couché sur la vallée, on sent
Que la terre est nubile et déborde de sang;
Que son immense sein, soulevé par une âme,
Est d'amour comme Dieu, de chair comme la Femme,
Et qu'il renferme, gros de sève et de rayons,
Le grand fourmillement de tous les embryons.

Et tout vit! et tout monte!... O Vénus, ô Déesse!

---

(1) Ce poème se trouve dans les œuvres complètes sous le titre de *Sensation*. Nous publions intégralement les poèmes que Rimbaud joignait à ses lettres pour les variantes très importantes qu'ils présentent souvent par rapport à leur édition définitive.

Je regrette les temps de l'antique jeunesse,
Des satyres lascifs, des faunes animaux,
Dieux qui mordaient d'amour l'écorce des rameaux
Et dans les nénuphars baisaient la Nymphe blonde!
Je regrette les temps où la sève du monde,
L'eau du fleuve jaseur, le sang des arbres verts,
Dans les veines de Pan mettaient un univers;
Où tout naissait, vivait, sous ses longs pieds de chèvre;
Où, baisant mollement le vert syrinx, sa lèvre
Murmurait sous le ciel le grand hymne d'amour;
Où, debout sur la plaine, il entendait autour
Répondre à son appel la Nature vivante;
Où les arbres muets, berçant l'oiseau qui chante,
La Terre berçant l'Homme, et le long fleuve bleu
Et tous les Animaux, aimaient aux pieds d'un Dieu!

Je regrette les temps de la grande Cybèle
Qu'on disait parcourir, gigantesquement belle,
Sur un grand char d'airain, les splendides cités :
Son double sein versait dans les immensités
Le pur ruissellement de la vie infinie,
L'Homme suçait, heureux, sa Mamelle bénie,
Comme un petit enfant, jouant sur ses genoux.
— Parce qu'il était fort, l'Homme était chaste et doux.

Misère! Maintenant il dit : Je sais les choses,
Et va, les yeux fermés et les oreilles closes!
S'il accepte les dieux, il est au moins un Roi,
C'est qu'il n'a plus l'Amour, s'il a perdu la Foi!
Oh, s'il savait encor puiser à ta mamelle,

Grande mère des Dieux et des Hommes, Cybèle!
S'il n'avait pas laissé l'immortelle Astarté
Qui jadis, émergeant dans l'immense clarté
Des flots bleus, fleur de chair que la vague parfume,
Montra son nombril rose où vint neiger l'écume,
Et fit chanter partout, Déesse aux yeux vainqueurs,
Le rossignol aux bois et l'amour dans les cœurs!

Je crois en Toi! Je crois en Toi! Divine Mère!
Aphrodité marine! — O la vie est amère,
Depuis qu'un autre dieu nous attelle à sa croix!
Mais c'est toi la Vénus! c'est en toi que je crois!
Oui, l'Homme est faible et laid, le doute le dévaste,
Il a des vêtements, parce qu'il n'est plus chaste,
Parce qu'il a sali son fier buste de Dieu
Et qu'il a rabougri, comme une idole au feu,
Son corps Olympien aux servitudes sales!
Oui, même après la mort, dans les squelettes pâles
Il veut vivre, insultant la première Beauté!
Et l'idole où tu mis tant de virginité,
Où tu divinisas notre argile, la Femme,
Afin que l'Homme pût éclairer sa pauvre âme
Et monter lentement, dans un immense amour,
De la prison terrestre à la beauté du jour,
La Femme ne sait plus faire la courtisane!...
— C'est une bonne farce! Et le monde ricane
Au nom doux et sacré de la grande Vénus!

Oh! les temps reviendront! les temps sont bienvenus!
Car l'Homme n'est pas fait pour jouer tous ces rôles!
Au grand jour, fatigué de briser des idoles
Il ressuscitera, libre de tous ses Dieux,
Et, comme il est du ciel, il scrutera les cieux.
Tout ce qu'il a de Dieu sous l'argile charnelle
L'idéal, la pensée invincible, éternelle,
Montera, montera, brûlera sous son front!
Et quand tu le verras sonder tout l'horizon,
Contempteur des vieux jougs, libre de toute crainte,
Tu viendras lui donner la Rédemption Sainte!...
Splendide, radieuse, au sein des grandes mers
Tu surgiras, jetant sur le vaste Univers
L'Amour infini dans un infini Sourire.
Le Monde vibrera comme une immense lyre
Dans le frémissement d'un immense baiser!
— Le Monde a soif d'amour! tu viendras l'apaiser!...

O l'Homme a relevé sa tête libre et fière!
Et le rayon soudain de la beauté première
Fait palpiter le dieu dans l'autel de la chair!
Heureux du bien présent, pâle du mal souffert,
L'Homme veut tout sonder — et savoir! La Pensée,
La cavale longtemps, si longtemps oppressée
S'élance de son front! Elle saura Pourquoi!...
Qu'elle bondisse libre, et l'Homme aura la Foi!

— Pourquoi l'azur muet et l'espace insondable?
Pourquoi les astres d'or fourmillant comme un sable?
Si l'on montait toujours, que verrait-on là-haut?
Un Pasteur mène-t-il cet immense troupeau
De mondes cheminant dans l'horreur de l'espace?
Et tous ces mondes.là, que l'éther vaste embrasse,
Vibrent-ils aux accents d'une éternelle voix?
— Et l'Homme, peut-il voir? peut-il dire : Je crois?
La voix de la pensée est-elle plus qu'un rêve?
Si l'homme naît si tôt, si la vie est si brève,
D'où vient-il? Sombre-t-il dans l'Océan profond
Des Germes ,des Fœtus, des Embryons, au fond
De l'immense Creuset d'où la Mère Nature
Le ressuscitera, vivante créature,
Pour aimer dans la rose et croître dans les blés?...

Nous ne pouvons savoir! — Nous sommes accablés
D'un manteau d'ignorance et d'étroites chimères!
Singes d'hommes tombés de la vulve des mères,
Notre pâle raison nous cache l'infini!
Nous voulons regarder : — le Doute nous punit!
Le doute; morne oiseau, nous frappe de son aile...
— Et l'horizon s'enfuit d'une fuite éternelle!...

. . . .

Le grand ciel est ouvert! les mystères sont morts
Devant l'Homme, debout, qui croise ses bras forts
Dans l'immense splendeur de la riche nature!
Il chante... et le bois chante, et le fleuve murmure
Un chant plein de bonheur qui monte vers le jour!...
— C'est la Rédemption! c'est l'amour! c'est l'amour!...

O splendeur de la chair, ô splendeur idéale,
O renouveau sublime, aurore triomphale
Où courbant à leurs pieds les Dieux et les Héros,
La blanche Kallypige et le petit Eros
Effleureront, couverts de la neige des roses,
Les femmes et les fleurs sous leurs beaux pieds écloses!

— O grande Ariadné, qui jettes tes sanglots
Sur la rive, en voyant fuir là-bas sur les flots,
Blanche sous le soleil, la voile de Thésée,
O douce vierge enfant qu'une nuit a brisée,
Tais-toi : sur son char d'or brodé de noirs raisins,
Lysios, promené dans les champs phrygiens
Par les tigres lascifs et les panthères rousses,
Le long des fleuves bleus rougit les sombres mousses.

Zeus, Taureau, sur son cou berce comme un enfant
Le corps nu d'Europè, qui jette son bras blanc
Au cou nerveu du dieu frissonnant dans la vague...
Il tourne longuement vers elle son œil vague...
Elle laisse traîner sa pâle joue en fleur
Au front du dieu, ses yeux sont fermés, elle meurt
Dans un divin baiser, et le flot qui murmure
De son écume d'or fleurit sa chevelure...
— Entre le laurier rose et le lotus jaseur,
Glisse amoureusement le grand cygne rêveur,
Embrassant la Léda des blancheurs de son aile;
— Et, tandis que Cypris passe, étrangement belle,
Et, cambrant les rondeurs splendides de ses reins,
Etale fièrement l'or de ses larges seins
Et son ventre neigeux brodé de mousse noire,
Héraclès, le Dompteur, et comme d'une gloire

Couvrant son vaste corps de la peau du lion,
S'avance, front terrible et doux, à l'horizon!...

Par la lune d'été vaguement éclairée,
Debout, nue, et rêvant dans sa pâleur dorée
Que tache le flot lourd de ses longs cheveux bleus,
Dans la clairière sombre où la mousse s'étoile,
La Dryade regarde au ciel mystérieux...
— La blanche Séléné laisse flotter son voile,
Craintive, sur les pieds du bel Endymion
Et lui jette un baiser dans un pâle rayon...
— La Source pleure au loin dans une longue extase...
C'est la Nymphe qui rêve, un coude sur son vase,
Au beau jeune homme fort que son onde a pressé...
— Une brise d'amour dans la nuit a passé...
Et, dans les bois sacrés, dans l'horreur des grands arbres,
Majestueusement debout, les sombres marbres,
Les dieux au front desquels le bouvreuil fait son nid,
— Les dieux écoutent l'Homme et le Monde infini.

29 avril 1870

Art. RIMBAUD.

Si ces vers trouvaient place au Parnasse contemporain?
— Ne sont.ils pas la foi des poètes?
— Je ne suis pas connu; qu'importe? les poètes sont frères.
Ces vers croient; ils aiment; ils espèrent : c'est tout.
— Cher maître, à moi : Levez.moi un peu : Je suis jeune : Tendez.moi la main...

Charleville, 25 août 1870 (1).

MONSIEUR,

Vous êtes heureux, vous, de ne plus habiter Charleville!

— Ma ville natale est supérieurement idiote entre les petites villes de province. Sur cela, voyez-vous, je n'ai plus d'illusions. Parce qu'elle est à côté de Mézières — une ville qu'on ne trouve pas, — parce qu'elle voit pérégriner dans ses rues deux ou trois cents de pioupious, cette benoîte population gesticule prudhommesquement spadassine, bien autrement que les assiégés de Metz et de Strasbourg! C'est effrayant, les épiciers retraités qui revêtent l'uniforme! C'est épatant comme ça a du chien, les notaires, les vitriers, les percepteurs, les menuisiers, et tous les ventres, qui, chassepot au cœur, font du patrouillotisme aux portes de Mézières; ma patrie se lève!... Moi, j'aime mieux la voir assise; ne remuez pas les bottes! c'est mon principe.

Je suis dépaysé, malade, furieux, bête, renversé; j'espérais des bains de soleil, des promenades infi-

(1) A M. G. Izambard.

nies, du repos, des voyages, des aventures, des bohémienneries, enfin : j'espérais surtout des journaux, des livres... Rien! Rien! Le courrier n'envoie plus rien aux libraires; Paris se moque de nous joliment : pas un seul livre nouveau! c'est la mort! Me voilà réduit, en fait de journaux, à l'honorable *Courrier des Ardennes*, propriétaire, gérant, directeur, rédacteur en chef et rédacteur unique, A. Pouillard! Ce journal résume les aspirations, les vœux et les opinions de la population, ainsi jugez! c'est du propre!... On est exilé dans sa patrie!!!

Heureusement, j'ai votre chambre : — Vous vous rappelez la permission que vous m'avez donnée. — J'ai emporté la moitié de vos livres! J'ai pris le *Diable à Paris*. Dites-moi un peu s'il y a jamais eu quelque chose de plus idiot que les dessins de Grandville? — J'ai *Costal l'indien*, j'ai la *Robe de Nessus*, deux romans intéressants. Puis, que vous dire?... J'ai lu tous vos livres, tous; il y a trois jours, je suis descendu aux *Epreuves*, puis aux *Glaneuses*, — oui, j'ai relu ce volume! — puis ce fut tout!... Plus rien; votre bibliothèque, ma dernière planche de salut, était épuisée!... Le *Don Quichotte* m'apparut; hier j'ai passé, deux heures durant, la revue des bois de Doré : maintenant, je n'ai plus rien! — Je vous envoie des vers; lisez cela un matin, au soleil, comme je les ai faits : vous n'êtes plus professeur, maintenant, j'espère!... —

(*partie déchirée*)........................

vouloir connaître Louisa Siefert, quand je vous ai prêté ses derniers vers; je viens de me procurer des parties de son premier volume de poésies, les *Rayons perdus*, 4me édition. J'ai là une pièce très émue et fort belle; Marguerite :

....

Moi j'étais à l'écart, tenant sur mes genoux
Ma petite cousine aux grands yeux bleus si doux :
C'est une ravissante enfant que Marguerite
Avec ses cheveux blonds, sa bouche si petite
Et son teint transparent...

....

Marguerite est trop jeune. Oh! si c'était ma fille,
Si j'avais une enfant, tête blonde et gentille,
Fragile créature en qui je revivrais,
Rose et candide avec de grands yeux indiscrets!
Des larmes sourdent presque au bord de ma paupière
Quand je pense à l'enfant qui me rendrait si fière,
Et que je n'aurai pas, que je n'aurai jamais;
Car l'avenir, cruel en celui que j'aimais,
De cette enfant aussi veut que je désespère.

....

Jamais on ne dira de moi : c'est une mère!
Et jamais un enfant ne me dira : maman!
C'en est fini pour moi du céleste roman
Que toute jeune fille à mon âge imagine.
. . . .
— *Ma vie à dix-huit ans compte tout un passé.*

C'est aussi beau que les plaintes d'Antigone ἀνυμφη dans Sophocle. — J'ai les *Fêtes Galantes* de Paul Verlaine, un joli in-12 écu. C'est fort bizarre, très drôle; mais, vraiment, c'est adorable. Parfois, de fortes licences; ainsi :

Et la tigresse épou | *vantable d'Hyrcanie,*

est un vers de ce volume. — Achetez, je vous le conseille, la *Bonne Chanson,* un petit volume de vers du même poète : ça vient de paraître chez Lemerre; je ne l'ai pas lu; rien n'arrive ici; mais plusieurs journaux en disent beaucoup de bien.

Au revoir, envoyez-moi une lettre de 25 pages — poste restante — et bien vite!

A. Rimbaud.

P. S. — A bientôt, des révélations sur la vie que je vais mener après... les vacances...

Très pressé

(*Adresse* :)
Monsieur G. Izambard,
29, rue de l'Abbaye des Prés,
Douai (Nord).

Paris, 5 septembre 1870 (1).

CHER MONSIEUR,

Ce que vous me conseilliez de ne pas faire, je l'ai fait, je suis allé à Paris quittant la maison maternelle! J'ai fait ce tour le 29 août.

Arrêté en descendant de wagon pour n'avoir pas un sou et devoir treize francs de chemin de fer, je fus conduit à la préfecture et aujourd'hui, j'attends mon jugement à Mazas!... Oh!... J'espère en vous comme en ma mère; vous m'avez toujours été comme un frère : je vous demande instamment cette aide que vous m'offrîtes. J'ai écrit à ma mère, au procureur impérial, au commissaire de police de Charleville; si vous ne recevez de moi aucune nouvelle mercredi, avant le train qui conduit de Douai à Paris, *prenez ce train* (2), *venez ici me réclamer par lettre, ou en vous présentant au procureur*, en priant, *en répondant de moi, en payant ma dette! Faites tout ce que vous pourrez* et, quand

(1) A M. G. Izambard.

(2) La lettre n'était pas sous enveloppe, mais repliée sur elle-même et fermée par un pain à cacheter, suivant l'usage du temps. En ouvrant ces lettres, on faisait sauter forcément un peu du papier adhérent au pain à cacheter. Ce fut le cas

vous recevrez cette lettre écrivez, vous aussi, *je vous l'ordonne,* oui, *écrivez à ma pauvre mère* (Quai de la Madeleine, 5, Charlev) pour la consoler; *écrivez-moi* aussi; faites tout! je vous aime comme un frère, je vous aimerai comme un père.

Je vous serre la main :

Votre pauvre
Arthur RIMBAUD
à Mazas.

(et si vous parvenez à me libérer, vous m'emmènerez à Douai avec).

---

ici : mais il est facile de rétablir les deux ou trois mots arrachés : Il y avait à droite : « Arthur Rimbaud, *détenu* à Mazas » et à gauche : « vous m'emmènerez à Douai avec *vous* »... ou « avec *vos tantes* »... Cette lettre répond à certains démentis hasardeux qu'on m'a opposés : 1° Rimbaud dit bien qu'il n'avait pas de ticket; 2° c'est lui-même qui, de Mazas, avait mis en mouvement le commissaire de police de Charleville en réclamant son intervention. (Note de M. Izambard.)

Charleville, le 2 novembre 1870 (1).

MONSIEUR,

— A vous seul ceci. —

Je suis rentré à Charleville un jour après vous avoir quitté. Ma mère m'a reçu et je suis là... tout à fait oisif. Ma mère ne me mettrait en pension qu'en janvier 71.

Eh bien! j'ai tenu ma promesse.

Je meurs, je me décompose dans la platitude, dans la mauvaiseté, dans la grisaille. Que voulez-vous, je m'entête affreusement à adorer la liberté libre, et... un tas de choses que « ça fait pitié », n'est-ce pas? — Je devais repartir aujourd'hui même; je le pouvais; j'étais vêtu de neuf, j'aurais vendu ma montre et vive la liberté! — Donc je suis resté! je suis resté! — et je voudrai repartir encore bien des fois. — Allons, chapeau, capote, les deux poings dans les poches, et sortons! — Mais je resterai, je resterai. Je n'ai pas promis cela, mais je le ferai pour mériter votre affection. Vous me l'avez dit. Je la mériterai.

La reconnaissance que je vous ai, je ne saurais pas vous l'exprimer aujourd'hui plus que l'autre

(1) A M. G. Izambard.

jour. Je vous la prouverai. Il s'agirait de faire quelque chose pour vous, que je mourrais pour le faire — je vous en donne ma parole. — J'ai encore un tas de choses à dire...

Ce « sans-cœur » de

A. Rimbaud.

Au dos de la lettre :

Guerre; pas de siège de Mézières. Pour quand? On n'en parle pas. — J'ai fait votre commission à M. Deverrière, et s'il faut faire plus, je ferai. — Par ci, par là, des francs-tirades. Abominable prurigo d'idiotisme, tel est l'esprit de la population. On en entend de belles, allez! C'est dissolvant.

Charleville, 17 avril 1871 (1).

Votre lettre est arrivée hier 16. Je vous remercie. — Quant à ce que je vous demandais, étais-je sot? Ne sachant rien de ce qu'il faut savoir, résolu à ne faire rien de ce qu'il faut faire, je suis condamné, dès toujours, pour jamais. Vive aujourd'hui, vive d main!

---

(1) A M. P. Demeny??

Depuis le 12, je dépouille la correspondance au *Progrès des Ardennes* : aujourd'hui, il est vrai, le journal est suspendu. Mais j'ai apaisé la bouche d'ombre pour un temps.

Oui, vous êtes heureux, vous. Je vous dis cela, — et qu'il est des misérables qui, femme ou idée, ne trouveront pas la Sœur de charité.

Pour le reste, pour aujourd'hui, je vous conseillerais bien de vous pénétrer de ces versets d'Ecclésiaste, cap. 11, 12, aussi sapients que romantiques : « Celui-là aurait sept replis de folie en l'âme, qui, ayant perdu ses habits au soleil, geindrait à l'heure de la pluie »; mais foin de la sapience et de 1830 : causons Paris.

J'ai vu quelques nouveautés chez Lemerre : deux poèmes de Leconte de l'Isle, *le Sacre de Paris, le Soir d'une Bataille.* — De F. Coppée : *Lettre d'un Mobile breton.* — Mendès : *Colère d'un franc-tireur.* — A. Theuriet : *l'Invasion.*

A. Lacaussade : *Væ victoribus.* — Des poèmes de Félix Franck, d'Emile Bergerat. — Un *Siège de Paris,* fort volume de Claretie.

J'ai lu là-bas le *Fer Rouge, Nouveaux Châtiments,* — de Glatigny; dédié à Vacquerie; — en vente chez Lacroix, Paris et Bruxelles probablement.

A la librairie artistique, — je cherchais l'adresse de Vermersch, — on m'a demandé de vos nouvelles. Je vous savais alors à Abbeville.

Que chaque libraire ait son *Siège*, son *Journal du Siège*, — *le Siège* de Sarcey en est à sa quatorzième édition; — que j'aie vu des ruissellements fastidieux de photographies et de dessins relatifs au Siège, — vous ne douterez jamais. On s'arrêtait aux gravures de A. Marie, les *Vengeurs*, les *Faucheurs de la Mort;* surtout aux dessins comiques de Draner et de Faustin. — Pour les théâtres, abomination de la désolation. — Les choses du jour étaient *le Mot d'Ordre* et les fantaisies, admirables, de Vallès et de Vermersch au *Cri du Peuple*.

Telle était la littérature, — du 25 février au 10 mars. — Du reste, je ne vous apprends peut-être rien de nouveau.

En ce cas, tendons le front aux lances des averses, l'âme à la sapience antique,

Et que la littérature belge nous emporte sous son aisselle.

Au revoir,

A. RIMBAUD.

Charleville, mai 1871 (1).

CHER MONSIEUR!

Vous revoilà professeur. On se doit à la Société, m'avez-vous dit; vous faites partie des corps enseignants : vous roulez dans la bonne ornière. — Moi aussi, je suis le principe : je me fais cyniquement *entretenir;* je déterre d'anciens imbéciles de collège : tout ce que je puis inventer de bête, de sale, de mauvais, en action et en paroles, je le leur livre : on me paie en bocks et en filles. — *Stat mater dolorosa, dum pendet filius.* — Je me dois à la Société, c'est juste, — et j'ai raison. — Vous aussi, vous avez raison, pour aujourd'hui. Au fond, vous ne voyez en votre principe que poésie subjective : votre obstination à regagner le râtelier universitaire — pardon! — le prouve. Mais vous finirez toujours comme un satisfait qui n'a rien fait, n'ayant rien voulu faire. Sans compter que votre poésie subjective sera toujours horriblement fadasse. Un jour,

(1) A. M. G. Izambard.

j'espère, — bien d'autres espèrent la même chose, — je verrai dans votre principe la poésie objective, — je la verrai plus sincèrement que vous ne le feriez! — Je serai un travailleur : c'est l'idée qui me retient quand les colères folles me poussent vers la bataille de Paris où tant de travailleurs meurent pourtant encore tandis que je vous écris! Travailler maintenant, jamais jamais; je suis en grève.

Maintenant, je m'encrapule le plus possible. Pourquoi? Je veux être poète, et je travaille à me rendre *voyant :* vous ne comprendrez pas du tout, et je ne saurais presque vous expliquer. Il s'agit d'arriver à l'inconnu par le dérèglement de *tous les sens.* Les souffrances sont énormes, mais il faut être fort, être né poète, et je me suis reconnu poète. Ce n'est pas du tout ma faute. C'est faux de dire : Je pense. On devrait dire : On me pense. — Pardon du jeu de mots.

Je est un autre. Tant pis pour le bois qui se trouve violon, et nargue aux inconscients qui ergotent sur ce qu'ils ignorent tout à fait!

Vous n'êtes pas *enseignant* pour moi. Je vous donne ceci : est-ce de la satire, comme vous diriez? Est-ce de la poésie? C'est de la fantaisie, toujours.

— Mais, je vous en supplie, ne soulignez ni du crayon, ni trop de la pensée :

Le Cœur supplicié

Mon triste cœur bave à la poupe...
Mon cœur est plein de caporal!
Ils y lancent des jets de soupe,
Mon triste cœur bave à la poupe...
Sous les quolibets de la troupe
Qui lance un rire général,
Mon triste cœur bave à la poupe,
Mon cœur est plein de caporal!

Ithyphalliques et pioupiesques
Leurs insultes l'ont dépravé!
A la vesprée, ils font des fresques
Ithyphalliques et pioupiesques;
O flots abracadabrantesques,
Prenez mon cœur, qu'il soit sauvé :
Ithyphalliques et pioupiesques
Leurs insultes l'ont dépravé!

Quand ils auront tari leurs chiques!
Comment agir, ô cœur volé?
Ce seront des refrains bachiques
Quand ils auront tari leurs chiques!
J'aurai des sursauts stomachiques
Si mon cœur triste est ravalé!

Quand ils auront tari leurs chiques,
Comment agir, ô cœur volé?

Ça ne veut pas rien dire. — RÉPONDEZ-MOI : chez M. Deverrière, pour A. R.

Bonjour de cœur,

Arth. RIMBAUD.

Charleville, 15 mai 1871 (1).

J'ai résolu de vous donner une heure de littérature nouvelle. Je commence de suite par un psaume d'actualité :

Chant de Guerre Parisien

Le printemps est évident, car
Du cœur des propriétés vertes
Le vol de Thiers et de Picard
Tient ses splendeurs grandes ouvertes.

O mai, quels délirants cul-nus!
Sèvres, Meudon, Bagneux, Asnières,
Ecoutez donc les bienvenus
Semer les choses printanières!

(1) A P. Demeny.

Ils ont schako, sabre et tam-tam,
Non la vieille boîte à bougies;
Et des yoles qui n'ont jam... jam...
Fendent le lac aux eaux rougies.

Plus que jamais nous bambochons,
Quand arrivent sur nos tanières
Crouler les jaunes cabochons
Dans des aubes particulières.

Thiers et Picard sont des Eros,
Des enleveurs d'héliotropes;
Au pétrole ils font des Corots.
Voici hannetonner leurs tropes.

Ils sont familiers du grand turc...
Et, couché dans les glaïeuls, Favre
Fait son cillement aqueduc
Et ses reniflements à poivre!

La Grand'Ville a le pavé chaud,
Malgré vos douches de pétrole;
Et, décidément, il nous faut
Vous secouer dans votre rôle...

Et les ruraux, qui se prélassent
Dans de longs accroupissements,
Entendront des rameaux qui cassent
Parmi les rouges froissements.

— Voici de la prose sur l'avenir de la poésie : — Toute poésie antique aboutit à la poésie grecque,

Vie harmonieuse. — De la Grèce au mouvement romantique, — moyen âge, — il y a des lettrés, des versificateurs. D'Ennius à Théroldus, de Théroldus à Casimir Delavigne, tout est prose rimée, un jeu, avachissement et gloire d'innombrables générations idiotes : Racine est le pur, le fort, le grand. — On eût soufflé sur ses rimes, brouillé ses hémistiches, que le Divin Sot serait aujourd'hui aussi ignoré que le premier venu auteur d'Origines. — Après Racine, le jeu moisit. Il a duré deux mille ans!

Ni plaisanterie, ni paradoxe. La raison m'inspire plus de certitudes sur le sujet que n'aurait jamais eu de colères un Jeune-France. Du reste, libre aux nouveaux d'exécrer les ancêtres : on est chez soi et l'on a le temps.

On n'a jamais bien jugé le romantisme. Qui l'aurait jugé? Les Critiques!! Les Romantiques? qui prouvent si bien que la chanson est si peu souvent l'œuvre, c'est-à-dire la pensée chantée et comprise du chanteur.

Car Je est *un autre*. Si le cuivre s'éveille clairon, il n'y a rien de sa faute. Cela m'est évident : j'assiste à l'éclosion de ma pensée : je la regarde, je l'écoute : je lance un coup d'archet : la symphonie fait son remuement dans les profondeurs, ou vient d'un bond sur la scène.

Si les vieux imbéciles n'avaient pas trouvé du Moi que la signification fausse, nous n'aurions pas à balayer ces millions de squelettes qui, depuis un temps infini, ont accumulé les produits de leur intelligence borgnesse, en s'en clamant les auteurs!

En Grèce, ai-je dit, vers et lyres, rythmes : l'Action. Après, musique et rimes sont jeux, délassements. L'étude de ce passé charme les curieux : plusieurs s'éjouissent à renouveler ces antiquités : — c'est pour eux. L'intelligence universelle a toujours jeté ses idées naturellement; les hommes ramassaient une partie de ces fruits du cerveau; on agissait par, on en écrivait des livres : telle allait la marche, l'homme ne se travaillant pas, n'étant pas encore éveillé, ou pas encore dans la plénitude du grand songe. Des fonctionnaires, des écrivains. Auteur, créateur, poète, cet homme n'a jamais existé!

La première étude de l'homme qui veut être poète est sa propre connaissance, entière. Il cherche son âme, il l'inspecte, il la tente, l'apprend. Dès qu'il la sait, il la doit cultiver : cela semble simple : en tout cerveau s'accomplit un développement naturel; tant *d'égoïstes* se proclament auteurs; il en est bien d'autres qui s'attribuent leur progrès intellectuel! — Mais il s'agit de faire l'âme monstrueuse : à l'instar des comprachicos, quoi! Imaginez un homme s'implantant et se cultivant des verrues sur le visage.

Je dis qu'il faut être *voyant*, se faire VOYANT.

Le poète se fait *voyant* par un long, immense et raisonné *dérèglement* de *tous les sens*. Toutes les formes d'amour, de souffrance, de folie; il cherche lui-même, il épuise en lui tous les poisons, pour n'en garder que les quintessences. Ineffable torture où il a besoin de toute la foi, de toute la force surhumaine, où il devient entre tous le grand malade, le grand criminel, le grand maudit, — et le suprême Savant! — Car il arrive à l'*inconnu!* — Puisqu'il a cultivé son âme, déjà riche, plus qu'aucun! Il arrive à l'inconnu; et quand, affolé, il finirait par perdre l'intelligence de ses visions, il les a vues! Qu'il crève dans son bondissement par les choses inouïes et innommables : viendront d'autres horribles travailleurs; ils commenceront par les horizons où l'autre s'est affaissé!

— La suite à six minutes. —

Ici j'intercale un second psaume *hors du texte :* veuillez tendre une oreille complaisante, et tout le monde sera charmé. — J'ai l'archet en main, je commence :

Mes petites Amoureuses

Un hydrolat lacrymal lave
Les cieux vert-choux,
Sous l'arbre tendronnier qui bave
Vos caoutchoucs.

Blancs de lunes particulières
Aux pialats ronds,
Entrechoquez vos genouillères,
Mes laiderons!

Nous nous aimions à cette époque,
Bleu laideron :
On mangeait des œufs à la coque
Et du mouron!

Un soir tu me sacras poète,
Blond laideron :
Descend ici que je te fouette
En mon giron.

J'ai dégueulé ta bandoline,
Noir laideron;
Tu couperais ma mandoline
Au fil du front.

Pouah! nos salives desséchées,
Roux laideron,
Infectent encor les tranchées
De ton sein rond.

O mes petites amoureuses,
Que je vous hais!
Plaquez de fouffes douloureuses
Vos tétons laids!

Piétinez mes vieilles terrines
De sentiment;
Hop donc, soyez-moi ballerines
Pour un moment!...

Vos omoplates se déboitent,
O mes amours!
Une étoile à vos reins qui boitent
Tournez vos tours!

Est-ce pourtant pour ces éclanches
Que j'ai rimé?
Je voudrais vous casser les hanches,
D'avoir aimé!

Fade amas d'étoiles ratées,
Comblez les coins!
Vous crèverez en Dieu, bâtées,
D'ignobles soins!

Sous les lunes particulières
Aux pialats ronds,
Entrechoquez vos genouillères,
Mes laiderons!

Voilà. Et remarquez bien que, si je ne craignais de vous faire débourser plus de 60 c. de port, — moi pauvre effaré qui, depuis sept mois, n'ai pas tenu un seul rond de bronze! — je vous livrerais encore mes *Amants de Paris,* cent hexamètres, Monsieur, et ma *Mort de Paris,* deux cents hexamètres!

— Je reprends :

Donc le poète est vraiment Voleur de Feu.

Il est chargé de l'humanité, des *animaux* mêmes; il devra faire sentir, palper, écouter ses inventions. Si ce qu'il rapporte de *là-bas* a forme, il donne forme; si c'est informe, il donne de l'informe. Trouver une langue;

— Du reste, toute parole étant idée, le temps d'un langage universel viendra! Il faut être académicien, — plus mort qu'un fossile, — pour parfaire un dictionnaire, de quelque langue que ce soit. Des faibles se mettraient *à penser* sur la première lettre de l'alphabet, qui pourraient vite ruer dans la folie! —

Cette langue sera de l'âme pour l'âme, résumant tout, parfums, sons, couleurs, de la pensée accrochant la pensée et tirant. Le poète définirait la quantité d'inconnu s'éveillant en son temps, dans l'âme universelle : il donnerait plus que la formule de sa pensée, que l'annotation *de sa marche au Progrès!* Enormité devenant norme absorbée par tous, il serait vraiment un *multiplicateur de progrès!*

Cet avenir sera matérialiste, vous le voyez. — Toujours pleins du *Nombre* et de l'*Harmonie,* les poèmes seront faits pour rester. — Au fond, ce serait encore un peu la Poésie grecque.

L'art éternel aurait ses fonctions, comme les poètes sont citoyens. La Poésie ne rhythmera plus l'action; elle *sera en avant.*

Ces poètes seront! Quand sera brisé l'infini servage de la femme, quand elle vivra pour elle et par elle, l'homme — jusqu'ici abominable, — lui ayant donné son renvoi, elle sera poète, elle aussi! La femme trouvera de l'inconnu! Ses mondes d'idées différeront-ils des nôtres? — Elle trouvera des choses étranges, insondables, repoussantes, délicieuses; nous les prendrons, nous les comprendrons.

En attendant, demandons au poète du *nouveau,* — idées et formes. Tous les habiles croiraient bientôt avoir satisfait à cette demande : — ce n'est pas cela!

Les premiers romantiques ont été *voyants* sans trop bien s'en rendre compte : la culture de leurs âmes s'est commencée aux accidents : locomotives abandonnées, mais brûlantes, que prennent quelque temps les rails. — Lamartine est quelquefois voyant, mais étranglé par la forme vieille. — Hugo, *trop cabochard,* a bien du vu dans les derniers volumes : les *Misérables* sont un vrai *poème.* J'ai *les Châtiments* sous main : *Stella* donne à peu près la mesure de la *vue* d'Hugo. Trop de Belmontet et de Lamennais, de Jéhovahs et de colonnes, vieilles énormités crevées.

Musset est quatorze fois exécrable pour nous, générations douloureuses et prises de visions, — que sa paresse d'ange a insultées! Oh! les contes et les proverbes fadasses! ô *les Nuits!* ô *Rolla!* ô *Namouna!* ô *la Coupe!* tout est français, c'est-à-dire haïssable au suprême degré; français, pas parisien! Encore une œuvre de cet odieux génie qui a inspiré Rabelais, Voltaire, Jean La Fontaine, commenté par M. Taine! Printanier, l'esprit de Musset! Charmant, son amour! En voilà, de la peinture à l'émail, de la poésie solide! On savourera longtemps la poésie *française,* mais en France. Tout garçon épicier est en mesure de débobiner une apostrophe Rollaque, tout séminariste emporte les cinq cents rimes dans le secret d'un carnet. A quinze ans, ces élans de passion mettent les jeunes en rut; à seize ans, ils se contentent déjà de les réciter avec *cœur;* à dix-huit ans, à dix-sept même, tout collégien qui a le moyen fait le Rolla, écrit un Rolla! Quelques-uns en meurent peut-être encore. Musset n'a rien su faire. Il y avait des visions derrière la gaze des rideaux : il a fermé les yeux. Français, panadis, traîné de l'estaminet au pupître du collège, le beau mort est mort, et, désormais, ne nous donnons même plus la peine de le réveiller par nos abominations!

Les seconds romantiques sont très *voyants :* Théophile Gautier, Leconte de Lisle, Théodore de Banville. Mais inspecter l'invisible et entendre l'inouï étant autre chose que reprendre l'esprit des choses mortes, Baudelaire est le premier voyant, roi des poètes, *un vrai Dieu.* Encore a-t-il vécu dans un milieu trop artiste; et la forme si vantée en lui est mesquine. Les inventions d'inconnu réclament des formes nouvelles.

Rompus aux formes vieilles : parmi les innocents, A. Renaud, — a fait son Rolla, — L. Grandet, — a fait son Rolla; — les gaulois et les Musset, G. Lafenestre, Coran, C. L. Popelin, Soulary, L. Salles; les écoliers, Marc, Aicard, Theuriet; les morts et les imbéciles, Autran, Barbier, L. Pichat, Lemoyne, les Deschamps, les Des Essarts; les journalistes, L. Cladel, Robert Luzarches, X. de Ricard;

les fantaisistes, C. Mendès; les bohèmes; les femmes; les talents, Léon Dierx et Sully-Prudhomme, Coppée. — La nouvelle école, dite parnassienne, a deux voyants, Albert Mérat et Paul Verlaine, un vrai poète. — Voilà.

Ainsi je travaille à me rendre *voyant* : — Et finissons par un chant pieux :

Accroupissements

Bien tard, quand il se sent l'estomac écœuré,
Le frère Calotus, un œil à la lucarne
D'où le soleil clair comme un chaudron récuré
Lui darde une migraine et fait son regard darne,
Déplace dans les draps son ventre de curé.

Il se démène sous sa couverture grise
Et descend ses genoux à son ventre tremblant,
Effaré comme un vieux qui mangerait sa prise;
Car il lui faut, le poing à l'anse d'un pot blanc,
A ses reins largement retrousser sa chemise!

Or, il s'est accroupi, frileux, les doigts de pied
Repliés, grelottant au clair soleil qui plaque
Des jaunes de brioche aux vitres de papier;
Et le nez du bonhomme où s'allume la laque
Renifle aux rayons, tel qu'un charnel polypier.

. . . .

Le bonhomme mijote au feu, bras tordus, lippe
Au ventre; il sent glisser ses cuisses dans le feu,
Et ses chausses roussir, et s'éteindre sa pipe.
Quelque chose comme un oiseau remue un peu
A son ventre serein, comme un morceau de tripe!

Autour dort un fouillis de meubles abrutis,
Dans les haillons de crasse et sur de sales ventres;
Des escabeaux, crapauds étranges, sont blottis
Aux coins noirs; des buffets ont des gueules de chantres
Qu'entr'ouvre un sommeil plein d'horribles appétits.

L'écœurante chaleur gorge la chambre étroite.
Le cerveau du bonhomme est bourré de chiffons;
Il écoute les poils pousser dans sa peau moite
Et, parfois, en hoquets fort gravement bouffons
S'échappe, secouant son escabeau qui boite.

. . . .

Et le soir, aux rayons de lune qui lui font
Aux contours du cul des bavures de lumière,
Une ombre avec détails s'accroupit sur un fond
De neige rose ainsi qu'une rose trémière...
Fantasque, un nez poursuit Vénus au ciel profond.

Vous seriez exécrable de ne pas répondre : vite, car dans huit jours je serai à Paris, peut-être.

Au revoir.

A. RIMBAUD.

Charleville, 10 juin 1871 (1).

Les Poètes de sept ans

Et la Mère, fermant le livre du devoir,
S'en allait satisfaite et très fière sans voir,
Dans les yeux bleus et sous le front plein d'éminences,
L'âme de son enfant livrée aux répugnances.

Tout le jour, il suait d'obéissance; très
Intelligent; pourtant des tics noirs, quelques traits
Semblaient prouver en lui d'âcres hypocrisies.
Dans l'ombre des couloirs aux tentures moisies,
En passant, il tirait la langue, les deux poings
A l'aine, et dans ses yeux fermés voyait des points.
Une porte s'ouvrait sur le soir; à la lampe
On le voyait, là-haut, qui râlait sur la rampe,
Sous un golfe de jour pendant du toit. L'été
Surtout, vaincu, stupide, il était entêté
A se renfermer dans la fraîcheur des latrines.
Il pensait là, tranquille et livrant ses narines.
Quand, lavé des odeurs du jour, le jardinet
Derrière la maison, en hiver, s'illunait,
Gisant au pied d'un mur, enterré dans la marne
Et pour des visions écrasant son œil darne,
Il écoutait grouiller les galeux espaliers.
Pitié! ces enfants seuls étaient ses familiers

---

(1) A P. Demeny.

Qui, chétifs, fronts nus, œil déteignant sur la joue,
Cachant de maigres doigts jaunes et noirs de boue
Sous des habits puant la foire et tout vieillots,
Conversaient avec la douceur des idiots;
Et si, l'ayant surpris à des pitiés immondes,
Sa mère s'effrayait, les tendresses profondes
De l'enfant se jetaient sur cet étonnement.
C'était bon. Elle avait le bleu regard — qui ment!

A sept ans, il faisait des romans sur la vie
Du grand désert où luit la Liberté ravie,
Forêts, soleils, rives, savanes! Il s'aidait
De journaux illustrés où, rouge, il regardait
Des Espagnoles rire et des Italiennes.
Quand venait, l'œil brun, folle, en robes d'indiennes,
— Huit ans — la fille des ouvriers d'à côté,
La petite brutale, et qu'elle avait sauté,
Dans un coin, sur son dos, en secouant ses tresses,
Et qu'il était sous elle, il lui mordait les fesses,
Car elle ne portait jamais de pantalons,
Et, par elle meurtri des poings et des talons,
Remportait les saveurs de sa peau dans sa chambre.

Il craignait les blafards dimanches de décembre
Où, pommadé, sur un guéridon d'acajou,
Il lisait une Bible à la tranche vert-chou.
Des rêves l'oppressaient, chaque nuit, dans l'alcôve.
Il n'aimait pas Dieu, mais les hommes qu'au soir fauve,
Noirs, en blouse, il voyait rentrer dans le faubourg
Où les crieurs, en trois roulements de tambour,

Font autour des édits rire et gronder les foules.
Il rêvait la prairie amoureuse, où des houles
Lumineuses, parfums sains, pubescences d'or,
Font leur remûment calme et prennent leur essor;

Et comme il savourait surtout les sombres choses
Quand, dans la chambre nue aux persiennes closes,
Haute et bleue, âcrement prise d'humidité,
Il lisait son roman sans cesse médité,
Plein de lourds ciels ocreux et de forêts noyées,
De fleurs de chair au bois sidéral déployées,
— Vertige, écroulements, déroutes et pitié! —
Tandis que se faisait la rumeur du quartier,
En bas, seul et couché sur des pièces de toile
Ecrue et pressentant violemment la voile!...

A. R., 26 mai 1871.

Les Pauvres à l'Eglise

Parqués entre des bancs de chêne, aux coins d'église
Qu'attiédit puamment leur souffle, tous leurs yeux
Vers le chœur ruisselant d'orrie et la maîtrise
Aux vingt gueules gueulant les cantiques pieux;

Comme un parfum de pain humant l'odeur de cire,
Heureux, humiliés comme des chiens battus,
Les Pauvres au bon Dieu, le patron et le sire,
Tendant leurs oremus risibles et têtus.

Aux femmes, c'est bien bon de faire des bancs lisses
Après les six jours noirs où Dieu les fait souffrir!
Elles bercent, tordus dans d'étranges pelisses,
Des espèces d'enfants qui pleurent à mourir;

Leurs seins crasseux dehors, ces mangeuses de soupe,
Une prière aux yeux et ne priant jamais,
Regardent parader mauvaisement un groupe
De gamines avec leurs chapeaux déformés.

Dehors, le froid, la faim, et puis l'homme en ribote.
C'est bon. Encore une heure; après, les maux sans nom!
— Cependant, alentour, geint, nazille, chuchote
Une collection de vieilles à fanons.

Ces effarés y sont et ces épileptiques,
Dont on se détournait hier aux carrefours,
Et, fringalant du nez dans des missels antiques,
Ces aveugles qu'un chien introduit dans les cours;

Et tous, bavant la foi mendiante et stupide,
Récitent la complainte infinie à Jésus
Qui rêve en haut, jauni par le vitrail livide,
Loin des maigres mauvais et des méchants pansus,

Loin des senteurs de viande et d'étoffes moisies,
Farce prostrée et sombre aux gestes repoussants;
Et l'oraison fleurit d'expressions choisies,
Et les mysticités prennent des tons pressants,

Quand, des nefs où périt le soleil, plis de soie
Banals, sourires verts, les Dames des quartiers
Distingués, — ô Jésus! — les malades du foie
Font baiser leurs longs doigts jaunes aux bénitiers.

A. RIMBAUD, 1871.

Voici, — ne vous fâchez pas, — un motif à dessins drôles : c'est une antithèse aux douces vignettes pérennelles où batifolent des cupidons, où s'essorent des cœurs panachés de flammes, fleurs vertes, oiseaux mouillés, promontoires de Leucade, etc... — Ces triolets, eux aussi, du reste, iront :

Où les vignettes pérennelles,
Où les doux vers.

Voici : — ne vous fâchez pas! —

Le Cœur du Pitre

Mon pauvre cœur bave à la poupe,
Mon cœur est plein de caporal;
Ils lui lancent des jets de soupe,
Mon triste cœur bave à la poupe.
Sous les quolibets de la troupe
Qui pousse un rire général,
Mon triste cœur bave à la poupe,
Mon cœur est plein de caporal!

Ithyphalliques et pioupiesques,
Leurs insultes l'ont dépravé.
A la vesprée, ils font des fresques
Ithyphalliques et pioupiesques.
O flots abracadabrantesques,
Prenez mon cœur, qu'il soit sauvé!
Ithyphalliques et pioupiesques,
Leurs insultes l'ont dépravé.

Quand ils auront tari leurs chiques,
Comment agir, ô cœur volé?
Ce seront des refrains bachiques,
Quand ils auront tari leurs chiques.
J'aurai des sursauts stomachiques,
Si mon cœur triste est ravalé.
Quand ils auront tari leurs chiques,
Comment agir, ô cœur volé?

A. R., juin 1871.

Voilà ce que je fais.

J'ai trois prières à vous adresser : brûlez, *je le veux,* et je crois que vous respecterez ma volonté comme celle d'un mort, brûlez *tous les vers que je fus assez sot* pour vous donner lors de mes séjours à Douai; ayez la bonté de m'envoyer, s'il vous est possible et s'il vous plaît, un exemplaire de vos G..., que je voudrais relire et qu'il m'est impossible d'acheter, ma mère ne m'ayant gratifié d'aucun rond de bronze depuis six mois, — pitié! — : enfin, veuillez bien me répondre, quoi que ce soit pour cet envoi et pour le précédent.

Je vous souhaite un bon jour, ce qui est bien bon. Ecrivez à : M. Deverrière, 95, sous les Allées, pour

A. Rimbaud.

14 juillet 1871 (1).

MONSIEUR ET CHER MAITRE,

Vous rappelez-vous avoir reçu de province, en juin 1870, cent ou cent cinquante hexamètres mythologiques intitulés *Credo in unam?* Vous fûtes assez bon pour répondre!

C'est le même imbécile qui vous envoie les vers ci-dessus, signés Alcide Bava. — Pardon.

J'ai dix-huit ans. — J'aimerai toujours les vers de Banville.

L'an passé je n'avais que dix-sept ans! Ai-je progressé!

Alcide BAVA.
A. R.

Mon adresse

M. Charles Bretagne.
Avenue de Mézières, à Charleville
pour
A. Rimbaud.

(1) A Théodore de Banville.

Ce qu'on dit au Poète à propos de Fleurs

A Monsieur Théodore de Banville.

I

Ainsi, toujours, vers l'azur noir
Où tremble la mer des topazes,
Fonctionneront dans ton soir
Les Lys, ces clystères d'extases!

A notre époque de sagous,
Quand les Plantes sont travailleuses,
Le Lys boira les bleus dégoûts,
Dans tes Proses religieuses.

Le lys de Monsieur de Kerdrel,
Le Sonnet de mil huit cent trente,
Le lys qu'on donne au Ménestrel
Avec l'œillet et l'amarante!

Des lys! Des lys! on n'en voit pas!
Et dans ton Vers, tel que les manches
Des Pécheresses aux doux pas,
Toujours frissonnent ces fleurs blanches!

Toujours, Cher, quand tu prends un bain,
Ta chemise aux aisselles blondes
Se gonfle aux brises du matin
Sur les myosotis immondes!

L'Amour ne passe à tes octrois
Que les Lilas — ô balançoires!
Et les Violettes du Bois!
Crachats sucrés des Nymphes noires!

II

O Poètes, quand vous auriez
Les Roses, les Roses soufflées,
Rouges sur tiges de lauriers,
Et de mille octaves enflées!

Quand Banville en ferait neiger,
Sanguinolentes, tournoyantes,
Pochant l'œil fou de l'étranger
Aux lectures mal bienveillantes!

De vos forêts et de vos prés,
O très paisibles photographes!
La Flore est diverse à peu près
Comme des bouchons de carafes!

Toujours les végétaux Français,
Hargneux, phtisiques, ridicules,
Où le ventre des chiens bassets
Navigue en paix, aux crépuscules;

Toujours après d'affreux desseins
De Lotos bleus ou d'Hélianthes,
Estampes roses, sujets saints
Pour de jeunes communiantes!

L'Ode Açoka cadre avec la
Strophe en fenêtre de lorette :
Et de lourds papillons d'éclat
Fientent sur la Pâquerette.

Vieilles verdures, vieux galons!
O croquignoles végétales!
Fleurs fantasques des vieux Salons!
— Aux hannetons, pas aux crotales,

Ces poupards végétaux en pleurs
Que Granville eût mis aux lisières,
Et qu'allaitèrent de couleurs
De méchants astres à visières!

Oui, vos bavures de pipeaux
Font de précieuses glucoses!
— Tas d'œufs frits dans de vieux chapeaux,
Lys, Açokas, Lilas et Roses!...

III

O blanc Chasseur, qui court sans bas
A travers le Pâtis panique,
Ne peux-tu pas, ne dois-tu pas
Connaître un peu ta botanique?

Tu ferais succéder, je crains,
Aux Grillons roux les Cantharides,
L'or des Rios au bleu des Rhins.
Bref, aux Norvèges les Florides!

Mais, Cher, l'Art n'est plus maintenant
— C'est la vérité — de permettre
A l'Eucalyptus étonnant
Des constrictors d'un hexamètre;

Là!... Comme si les Acajous
Ne servaient, même en nos Guyanes,
Qu'aux cascades des sapajous
Au lourd délire des lianes!

— En somme, une Fleur, Romarin
Ou Lys, vive ou morte, vaut-elle
Un excrément d'oiseau marin?
Vaut-elle un seul pleur de chandelle?

— Et j'ai dit ce que je voulais!
Toi, même assis là-bas, dans une
Cabane de bambous — volets
Clos, tentures de perse brune, —

Tu torcherais des floraisons,
Digne d'Oises extravagantes!...
— Poète! ce sont des raisons
Non moins risibles qu'arrogantes!...

IV

Dis, non les pampres printaniers
Noirs d'épouvantables révoltes,
Mais les tabacs, les cotonniers!
Dis les exotiques récoltes!

Dis, front blanc que Phébus tanna,
De combien de dollars se rente
Pedro Velasquez, Habana;
Incague la mer de Sorrente.

Où vont les Cygnes par milliers;
Que tes Strophes soient des réclames
Pour l'abatis des mangliers
Fouillés des hydres et des lames!

Ton quatrain plonge aux bois sanglants,
Et revient proposer aux Hommes
Divers sujets de sucres blancs
De pectoraires et de gommes!

Sachons par Toi si les blondeurs
Des Pics neigeux vers les Tropiques,
Sont ou des insectes pondeurs
Ou des lichens microscopiques!

Trouve, ô Chasseur, nous le voulons
Quelques garances parfumées
Que la Nature en pantalons
Fasse éclore — pour nos Armées!

Trouve, aux abords du Bois qui dort,
Les fleurs, pareilles à des mufles,
D'où bavent des pommades d'or
Sur les cheveux sombres des Buffles!

Trouve aux prés fous, où sur le Bleu
Tremble l'argent des pubescences,
Des Calices pleins d'Œufs de feu
Qui cuisent parmi les essences!

Trouve des Chardons cotonneux
Dont dix ânes aux yeux de braises
Travaillent à filer les nœuds!
Trouve des Fleurs qui soient des chaises!

Oui, trouve au cœur des noirs filons
Des fleurs presque pierres — fameuses! —
Qui vers leurs durs ovaires blonds
Aient des amygdales gemmeuses!

Sers-nous, ô Farceur, tu le peux,
Sur un plat de vermeil splendide
Des ragoûts de Lys sirupeux
Mordant nos cuillers Alfénide!

V

Quelqu'un dira le grand Amour,
Voleur des Sombres Indulgences :
Mais ni Renan ni le chat Murr
N'ont vu les Bleus Thyrses immenses!

Toi, fais jouer dans nos torpeurs,
Par les parfums les hystéries;
Exalte-nous vers des candeurs
Plus candides que les Maries...

Commerçant! colon! médium!
Ta Rime sourdra, rose ou blanche,
Comme un rayon de sodium,
Comme un caoutchouc qui s'épanche!

De tes noirs Poèmes — Jongleur!
Blancs, verts et rouges dioptriques,
Que s'évadent d'étranges fleurs
Et des papillons électriques!

Voilà! c'est le Siècle d'enfer.
Et les poteaux télégraphiques
Vont orner — lyre aux chants de fer,
Tes omoplates magnifiques!

Surtout, rime une version
Sur le mal des pommes de terre!
— Et, pour la composition
Des Poèmes pleins de mystère

Qu'on doive lire de Tréguier
A Paramaribo, rachète
Des Tomes de Monsieur Figuier
— Illustrés! — chez Monsieur Hachette!

Alcide BAVA.

14 juillet 1871.

Charleville (Ardennes), août 1871 (1).

MONSIEUR,

Vous me faites recommencer ma prière : soit. Voici la complainte complète. Je cherche des paroles calmes : mais ma science de l'art n'est pas bien profonde. Enfin, voici :

Situation du prévenu : J'ai quitté depuis plus

(1) A P. Demeny??

d'un an la vie ordinaire pour ce que vous savez. Enfermé sans cesse dans cette inqualifiable contrée ardennaise, ne fréquentant pas un homme, recueilli dans un travail infâme, inepte, obstiné, mystérieux, ne répondant que par le silence aux questions, aux apostrophes grossières et méchantes, me montrant digne dans ma position extra-légale, j'ai fini par provoquer d'atroces résolutions d'une mère aussi inflexible que soixante-treize administrations à casquettes de plomb.

Elle a voulu m'imposer le travail, perpétuel, à Charleville (Ardennes)! Une place pour tel jour, disait-elle, ou la porte. — Je refusai cette vie; sans donner mes raisons : c'eût été pitoyable. Jusqu'aujourd'hui j'ai pu tourner ces échéances. Elle, en est venue à ceci : Souhaiter sans cesse mon départ inconsidéré, ma fuite! Indigent, inexpérimenté, je finirais par entrer aux établissements de correction. Et, dès ce moment, silence sur moi!

Voilà le mouchoir de dégoût qu'on m'a enfoncé dans la bouche. C'est bien simple.

Je ne demande rien, je demande un renseignement. Je veux travailler libre : mais à Paris, que j'aime. Tenez : je suis un piéton, rien de plus; j'arrive dans la ville immense sans aucune ressource matérielle : mais vous m'avez dit : Celui qui désire être ouvrier à quinze sous par jour s'adresse là, fait cela, vit comme cela. Je m'adresse là, je fais cela, je vis comme cela. Je vous ai prié d'indiquer des occupations peu absorbantes, parce que la pensée réclame de larges tranches de temps. Absolvant le poète, ces balançoires matérielles se font aimer. Je suis à Paris : il me faut une *économie* positive! Vous ne trouvez pas cela sincère? Moi, ça me semble si étrange, qu'il me faille vous protester de mon sérieux!

J'avais eu l'idée ci-dessus : la seule qui me parût raisonnable : je vous la rends sous d'autres formes. J'ai bonne volonté, je fais ce que je puis, je parle aussi compréhensiblement qu'un malheureux! Pourquoi tancer l'enfant qui, non doué de principes zoologiques, désirerait un oiseau à cinq ailes? On le ferait croire aux oiseaux à six queues, ou à trois becs! On lui prêterait un Buffon des familles; ça le déleurrerait.

Donc, ignorant de quoi vous pourriez m'écrire, je coupe les explications... (mots illisibles)... à me fier à vos expériences, à votre obligeance que j'ai bien bénie en recevant votre livre, et je vous engage un peu à partir de mes idées, — s'il vous plaît...

Recevriez-vous sans trop d'ennui des échantillons de mon travail? A. RIMBAUD.

Parmerde, Juinphe 72 (1).

MON AMI,

Oui, surprenante est l'existence dans le cosmorama Arduan. La province, où on se nourrit de farineux et de boue, où l'on boit du vin du cru et de la bière du pays, ce n'est pas ce que je regrette. Aussi tu as raison de la dénoncer sans cesse. Mais ce lieu-ci : distillation, composition, tout étroitesses; et l'été accablant : la chaleur n'est pas très constante, mais de voir que le beau temps est dans les intérêts de chacun, et que chacun est un porc, je hais l'été, qui me tue quand il se manifeste un peu. J'ai une soif à craindre la gangrène : les rivières ardennaises et belges, les cavernes, voilà ce que je regrette.

Il y a bien ici un lieu de boisson que je préfère. Vive l'académie d'Absomphe, malgré la mauvaise volonté des garçons! C'est le plus délicat et le plus tremblant des habits, que l'ivresse par la vertu de cette sauge des glaciers, l'absomphe! Mais pour, après, se coucher dans la merde!

Toujours même geinte, quoi! Ce qu'il y a de cer-

(1) A M. E. Delahaye.

tain, c'est : merde à P... Et au comptoir de l'Univers, qu'il soit en face du square ou non. Je ne maudis pas l'Univers, pourtant. — Je souhaite très fort que l'Ardenne soit occupée et pressurée de plus en plus immodérément. Mais tout cela est encore ordinaire.

Le sérieux, c'est qu'il faut que tu te tourmentes beaucoup! Peut-être que tu aurais raison de beaucoup marcher et lire. Raison en tout cas de ne pas te confiner dans les bureaux et maisons de famille. Les abrutissements doivent s'exécuter loin de ces lieux-là. Je suis loin de vendre du baume, mais je crois que les habitudes n'offrent pas des consolations; aux pitoyables jours.

Maintenant c'est la nuit que je travaince. De minuit à cinq heures du matin. Le mois passé, ma chambre, rue Monsieur-le-Prince, donnait sur un jardin du lycée Saint-Louis. Il y avait des arbres énormes sous ma fenêtre étroite. A trois heures du matin, la bougie pâlit : tous les oiseaux crient à la fois dans les arbres : c'est fini. Plus de travail. Il me fallait regarder les arbres, le ciel, saisis par cette heure indicible, première du matin. Je voyais les dortoirs du lycée, absolument sourds. Et, déjà, le bruit saccadé, sonore, délicieux, des tombereaux sur les boulevards. — Je fumais ma pipe-marteau, en crachant sur les tuiles, car c'était une mansarde, ma chambre. A cinq heures, je descendais à l'achat de quelque pain; c'est l'heure. Les ouvriers sont en marche partout. C'est l'heure de se soûler chez les marchands de vin, pour moi. Je rentrais manger, et me couchais à sept heures du matin, quand le soleil faisait sortir les cloportes de dessous les tuiles. Le premier matin, en été, et les soirs de décembre, voilà ce qui m'a ravi toujours ici.

Mais, en ce moment, j'ai une chambre jolie, sur une cour sans fond mais de trois mètres carrés. — La rue Victor-Cousin fait coin sur la place de la Sorbonne par le café du Bas-Rhin, et donne sur la rue Soufflot, à l'autre extrémité. — Là, je bois de l'eau toute la nuit, je ne vois pas le matin, je ne dors pas, j'étouffe. Et voilà.

Il sera certes fait droit à ta réclamation! N'oublie pas de chier sur la *Renaissance,* journal littéraire et artistique (1) si tu le rencontres. J'ai évité jusqu'ici les pestes d'émigrés carolopolmerdis. Et merde aux saisons et cobrage.

Courage.

J.- A. R.
rue Victor Cousin,
hôtel de Cluny.

(1) Où venait de paraître son poème : *Les Corbeaux.*

Laïtou (Roche), (Canton d'Attigny), mai 73 (1).

Cher ami, tu vois mon existence actuelle dans l'aquarelle ci-dessous.

O Nature! O ma mère!

(*Dessin à la plume.*)

(Dans le ciel, un petit bonhomme avec une bêche en ostensoir et ces mots lui sortant de la bouche : « *O nature! O ma sœur!* »; par terre, un bonhomme plus grand, en sabots, une pelle à la main, coiffé d'un bonnet de coton, dans un paysage de fleurs, d'herbes, d'arbres. Dans l'herbe, une oie avec ces mots lui sortant du bec : « *O nature O ma tante!* »)

Quelle chierie! et quel monstre d'innocince (*sic*), ces paysans. Il faut, le soir, faire deux lieues, et plus, pour boire un peu. La *mother* m'a mis là dans un triste trou.

(*Dessin à la plume.*)

(Le hameau de Roche, vu de la maison où a été écrite *la Saison en Enfer*. En bas du dessin, ces mots : « *Laïtou, mon village* »). (*Note de Paterne Berrichon.*)

Je ne sais comment en sortir : j'en sortirai pourtant. Je regrette cet atroce Charlestown, l'Univers,

(1) A M. E. Delahaye.

la Bibliothè..., ... etc... Je travaille pourtant assez régulièrement; je fais des petites histoires en prose, titre général : Livre païen, ou Livre nègre. C'est bête et innocent. O innocence! innocence; innocence, innoc... fléau!

Verlaine doit t'avoir donné la malheureuse commission de parlementer avec le sieur Devin, imprimeux (*sic*) du Nôress (1). Je crois que ce Devin pourrait faire le livre de Verlaine à assez bon compte et presque proprement. (S'il n'emploie pas les caractères emmerdés du Nôress. Il serait capable d'en coller un cliché, une annonce!)

Je n'ai rien de plus à te dire, la contemplostate de la nature m'absorculant tout entier : Je suis à toi, ô Nature, ô ma mère!

Je te serre les mains, dans l'espoir d'un revoir que j'active autant que je puis.

R.

Je rouvre ma lettre. Verlaine doit t'avoir proposé un rendez-vol au dimanche 18, à Bouillon. Moi je ne puis y aller. Si tu y vas, il te chargera probablement de quelques fraguements (*sic*) en prose de moi ou de lui, à me retourner.

---

(1) Le *Nord-Est*, journal de Charleville.

La mère Rimb. retournera à Charlestown dans le courant de juin. C'est sûr, et je tâcherai de rester dans cette jolie ville quelque temps.

Le soleil est accablant et il gèle le matin. J'ai été avant-hier voir les Prussmans à Vouziers, une sous-préfecture de 10.000 âmes, à sept kilom. d'ici. Ça m'a ragaillardi.

Je suis abominablement gêné. Pas un livre. Pas un cabaret à portée de moi, pas un incident dans la rue. Quelle horreur que cette campagne française. Mon sort dépend de ce livre, pour lequel une demi-douzaine d'histoires atroces sont encore à inventer. Comment inventer des atrocités ici? Je ne t'envoie pas d'histoires, quoique j'en aie déjà trois, *ça coûte tant!* Enfin voilà!

bon revoir, tu verras ça,

Rimb.

Prochainement je t'enverrai des timbres pour m'acheter et m'envoyer le *Faust* de *Gœthe,* biblioth. populaire. Ça doit coûter un sou de transport.

Dis-moi s'il n'y a pas de traduction de Shakespeare dans les nouveaux livres de cette biblioth...

Si même tu peux m'en envoyer le catalogue le plus nouveau, envoie.

R.

Février 75 (1).

Verlaine est arrivé ici l'autre jour, un chapelet aux pinces... Trois heures après on avait renié son dieu et fait saigner les 98 plaies de N. S. Il est resté deux jours et demi, fort raisonnable et sur ma remonstration s'en est retourné à Paris, pour, de suite, aller finir d'étudier *là-bas dans l'île* (2).

Je n'ai plus qu'une semaine de Wagner et je regrette cette argent (*sic*) payant de la haine, tout ce temps foutu à rien. Le 15 j'aurai une Ein freundliches Zimmer n'importe où, et je fouaille la langue avec frénésie, tant et tant que j'aurai fini dans deux mois au plus.

Tout est assez inférieur ici — j'ecxèpe (*sic*) un : Riessling, dont j'en vite un ferre en vâce des gôdeaux gui l'onh fu naîdre, à ta sandé imperbédueuse. Il soleille et gèle, c'est tannant.

(Après le 15, Poste restante, Stuttgart.)

A toi

Rimb.

(*Dessin à la plume :* en haut de la lettre, à gauche, une maison de quatre étages, protégée par une clôture et

(1) A M. E. Delahaye.

(2) C'est-à-dire en Angleterre.

entourée d'arbustes; une voiture, d'où sort un petit bonhomme empressé, s'arrête devant; sous le tout, en biais, ces mots : « *Wagner verdammt in Ewigkeit* », expectorés par un personnage fantastique occupant toute la marge de gauche.

Au bas de la lettre un paysage de ville où se voient, à gauche, des pieux et des bouteilles formant oriflammes, sur lesquels sont écrits ces mots : « *Riessling, Fliegende blatter* »; et, de gauche à droite, une espèce de cirque avec, en dessous, des sortes de montagnes et, encore en dessous, ces mots : *vieille ville;* puis des maisons avec des squares, des arbres, un tramway qui roule vers le haut et en tournant, et, encore plus haut, des étoiles et un croissant noir. Tout ce fouillis parsemé de *Riess, Riessling,* en lettres capitales.)

(*Note de Paterne Berrichon.*)

14 8bre 75 (1).

Cher Ami,

Reçu le Postcard et la lettre de V. il y a huit jours. Pour tout simplifier, j'ai dit à la Poste d'envoyer ses restantes chez moi de sorte que tu peux écrire ici, si encore rien aux restantes. Je ne commente pas les dernières grossièretés du Loyola, et je n'ai plus d'activité à me donner de ce côté-là à présent, comme il paraît que la 2e

(1) A M. Ernest Delahaye.

« portion » du « contingent » de la « classe » 74 va-t-être appelée le trois novembre suiv^nt ou prochain : la chambrée de nuit :

« Rêve »

On a faim dans la chambrée —
C'est vrai....................

Emanations, explosions,
Un génie : Je suis le gruère!
Lefebvre : Keller!
Le génie : Je suis le Brie!
Les soldats coupent sur leur pain :
C'est la Vie!
Le génie : — Je suis le Roquefort!
— Ça s'ra not' mort...
— Je suis le gruère
Et le brie..... etc....

VALSE.

On nous a joints, Lefebvre et moi... etc...!

De telles préoccupations ne permettent que de s'y absorbère. Cependant renvoyer obligeamment selon les occases les « Loyola » qui rappliqueraient.

Un petit service : veux-tu me dire précisément et concis — en quoi consiste le « bachot » ès-sciences actuel, partie classique, et mathém., etc... — Tu me dirais le point de chaque partie que l'on doit atteindre : mathém., phys., chim., etc. et alors des titres immédiats, et le moyen de se procurer des livres employés dans ton collège par ex. pour ce Bachot à moins que ça ne change aux diverses universités : en tous cas de professeurs ou d'élèves compétents, t'informer à ce point de vue que je te donne. Je tiens surtout à des choses précises, comme il s'agirait de l'achat de ces livres prochainement. Instruc. militaire et « Bachot », tu vois, me feraient deux ou trois agréables saisons! Au diable d'ailleurs ce « gentil labeur ». Seulement sois assez bon pour m'indiquer le plus mieux possible la façon comment on s'y met.

Ici rien de rien.

— J'aime à penser que le Peydeloup et les gluants pleins d'haricots patriotiques ou non ne te donnent pas plus de distraction qu'il ne t'en faut. Au moins ça ne « chlingue » pas la neige, comme ici.

A toi « dans la mesure de mes faibles forces ».

Tu écris :

A. RIMBAUD.
31, rue Saint-Barthélemy,
Charleville, (Ardennes), va sans dire.

P. S. — La corresp : « en passepoil » arrive à ceci que le « Némery » avait confié les journaux du Loyola à un *agent de police* pour me les porter!

LETTRE DE GERMAIN NOUVEAU
à ARTHUR RIMBAUD

(12 Décembre 1893).

Lettre de Germain Nouveau à Arthur Rimbaud. (1)

Alger, 12 Xbre 1893.

MON CHER RIMBAUD,

Ayant entendu dire à Paris que tu habitais Aden depuis pas mal de temps, je t'écris à Aden à tout hasard, et pour plus de sûreté je me permets de recommander ma lettre au consul de France à Aden.

Je serais heureux d'avoir de tes nouvelles directement, très heureux.

Quant à moi, voici, c'est simple. Je suis à Alger, en qualité de professeur de dessin en congé avec un éthique (*sic*) traitement, et en train de soigner (mal) mes rhumatismes.

Il m'est venu une idée que je crois bonne. Je vais avoir en ma possession bientôt une certaine somme,

(1) Le manuscrit original de cette lettre nous a été également communiqué par M. Jacques Doucet.

et voudrais ouvrir une modeste boutique de peintre décorateur.

Il y a peu à faire à Alger ville tuante, j'ai pensé à l'Egypte que j'ai déjà habitée plusieurs mois il y a sept ans, puis enfin à Aden, comme étant une ville plus neuve, et où il y aurait plus de ressources à mon point de vue, s'entend.

Je te serais reconnaissant de me dire ce que vaut cette idée et de bourrer ta bonne lettre d'une floppée de renseignements.

N'ai pas vu Verlompe depuis bientôt deux ans, non plus que Delahuppe, l'un est célèbre, et l'autre, est au Ministère de l'Instruction publique, comme rédacteur, ce que tu sais peut-être aussi bien que moi.

J'attends, pour couvrir mon épistole de bavardages plus longs, que tu m'aies fait réponse.

Ton vieux copain d'antan bien cordial,

G. NOUVEAU,
11, rue Porte-Neuve
Alger.

Je suis en train d'apprendre l'arabe, sais l'anglais, et l'italien; ne peut qu'être utile à Aden.

Sur l'enveloppe de la main de Germain Nouveau :

> Monsieur Arthur RIMBAUD
> à ADEN
>
> Recommandé aux bons soins du Consulat de France.

Aden est barré de deux traits de crayon bleu; à l'encre rouge, en haut : France; plus bas : à Roches, Canton d'Attigny, Ardennes. Sur le timbre : cachet d'Alger; au-dessous, cachet d'Alger du 12 décembre 1893.

Au verso de l'enveloppe, huit cachets :

Marseille-étranger-16 décembre 93; — ligne T—paq.fr. n° 3-21 janv. 94; — Aden-camp. JA-19-94-; — Aden JA-2-94; — Marseille départ 16 décembre 93; — Paris à [illisible] 31 janv. 94; — Paris à Modane 22 déc. 93 [cachet rouge]; — Attigny... [illisible].

DEUX LETTRES DE Mme RIMBAUD
à M. G. IZAMBARD

(9 Mai et 24 Septembre 1870)

Deux lettres de Mme Rimbaud
à M. G. Izambard.

(9 mai 1870.)

Monsieur Izambard, professeur
de Rhétorique, Charleville.

MONSIEUR,

Je vous suis on ne peut plus reconnaissante de tout ce que vous faites pour Arthur; vous lui prodiguez vos conseils, vous lui faite (*sic*) faire des devoirs en dehors de la classe, c'est autant de soins auxquels nous n'avons aucun droit.

mais il est une chose que je ne saurais approuver, par exemple la lecture du livre comme celui que vous lui avez donné il y a quelques jours (les *misérables* V. hugot) (*sic*). Vous devez savoir mieux que moi, monsieur le professeur, qu'il faut beaucoup de soins dans le choix des livres qu'on veut mettre sous les yeux des enfans (*sic*). Aussi j'ai

pensé qu'Arthur s'est procuré celui-ci à votre insu, il serait certainement dangereux de lui permettre de pareilles lectures.

J'ai l'honneur Monsieur de vous présenter mes respects.

V. RIMBAUD
4 mai 1870.

Charleville, 24 septembre 1870 (1).

MONSIEUR,

Je suis très inquiète et je ne comprends pas cette absence prolongée d'Arthur. Il a cependant dû comprendre par ma lettre du 17 qu'il ne devait pas rester un jour de plus à Douai; d'un autre côté, la police fait des démarches pour savoir où il est passé, et je crains bien qu'avant le reçu de cette présente ce petit drôle se fasse arrêter une seconde fois; mais il n'aurait plus besoin de revenir car je jure bien que de ma vie je ne le receverais plus (*sic*),

(1) A M. G. Izambard.

est-il possible de comprendre la sottise de cet enfant, lui si sage et si tranquille ordinairement : comment une telle folie a-t-elle pu venir a son esprit, quelqu'un l'y aurait-il soufflé (*sic*) : mais non je ne dois pas le croire. On est injuste aussi quand on est malheureux soyez donc assez bon pour avancer dix francs à ce malheureux, et chassez-le, qu'il revienne vite. Je sors du bureau de poste où l'on m'a encore refusé un mandat la ligne n'étant pas ouverte jusqu'à Douai. Que faire? Je suis bien en peine. Que Dieu ne punisse pas la folie de ce malheureux comme il le mérite.

J'ai l'honneur monsieur de vous présenter mes respects.

V. Rimbaud.

(*Au dos de la lettre*) : Monsieur Izambard, professeur, rue de l'Abbaye des Prés, Douais (*sic*), Nord.

www.ingramcontent.com/pod-product-compliance
Ingram Content Group UK Ltd.
Pitfield, Milton Keynes, MK11 3LW, UK
UKHW020337180726
13839UKWH00002B/758